El tesoro del tío

Jessica Sánchez
Ilustrado por Marta J. Coronado

Había una vez un toro
que guardó su tesoro

bajo un tapete y una manta
en el barco de un pirata.

Pero el toro no sabía
que el pirata ya se iba

en un viaje muy largo,
con el tesoro bien guardado.

Cuando el toro supo esto
se asustó y por supuesto,

fue a buscar su tesorito,
de un tirón, rapidito.

Lo escondió en una jaula
con un tucán que no habla.